Die Gärten der

BLUMENINSEL MAINAU

Die Gärten der

BLUMENINSEL MAINAU

Texte: Markus Zeiler
Fotos: Peter Allgaier

Ulmer

EINFÜHRUNG

Die Insel Mainau ist weit über die Grenzen Deutschlands hinaus mit dem Beinamen „Blumeninsel im Bodensee" bekannt. Aufgrund der außergewöhnlichen und vielfältigen Pflanzenwelt und mit durchschnittlich 1,2 Mio. Besuchern im Jahr zählt der botanische Garten und Schlosspark zu den bedeutendsten und meist besuchten Gartenanlagen Deutschlands. Dabei ist die Insel sowohl ein Eldorado für Pflanzenfreunde und Gartenliebhaber als auch Ort der Erholung für Urlauber und Einheimische.

Dass die Mainau und ihre Umgebung in vielerlei Hinsicht ein Juwel von großer Bedeutung darstellt, zeigen die zahlreichen Schutzkategorien, die die wertvolle Natur- und Kulturlandschaft bewahren sollen: Die Insel steht als Gesamtensemble und in Teilen auch als Kulturdenkmal von besonderer Bedeutung unter Denkmalschutz. Sie liegt zudem in ihrer Gesamtheit im Landschaftsschutzgebiet „Bodenseeufer" und wird im Bereich der Brücke zum Festland von zwei Naturschutzgebieten, die wichtige Vogelrückzugsgebiete darstellen, flankiert.

Geologisch betrachtet besteht die Insel Mainau aus sogenanntem Molassesandstein. In den verschiedenen Eiszeiten, in denen der Bodensee ausgeformt wurde, blieb der Fels der Mainau von der Zerstörungskraft des Eises verschont und die heutige Insel wurde mit Kiesen und Sanden überzogen. Heute liegt die Insel in einer Meereshöhe von ca. 395 Meter an der Uferlinie und bis zu 425 Meter über Normalnull am höchsten Punkt im Park.

DER BODENSEE ALS PRÄGENDER KLIMAFAKTOR

Der Bodensee mit seiner großen Wassermenge prägt das Klima auf der Insel Mainau. Im Frühjahr, wenn das Wasser dieser gewissermaßen natürlichen Klimaanlage noch kalt ist und sich nur langsam erwärmt, ist der Austrieb der Vegetation im Verhältnis zu anderen, vergleichbaren Regionen verzögert, da auch die Lufttemperatur langsamer ansteigt. Dadurch ist die Spätfrostgefahr gemindert, was vor allem für die Kultur von kälteempfindlichen Pflanzen förderlich ist. Während des Sommers erwärmt die Sonne den Bodensee, der diese Energie im Herbst bei sinkenden Temperaturen der umgebenden Luft nur langsam abgibt. Während sich dann der berühmte Bodenseenebel bildet, erhalten etliche Klimagrenzgehölze die Chance, ihr Holz ausreifen zu lassen, um sich so auf den kommenden Winter vorzubereiten.

Im langjährigen Mittel weisen die Klimadaten im Referenzzeitraum von 1981 bis 2010 eine Durchschnittstemperatur von 9,4° Celsius und eine Jahresniederschlagsmenge von 830 mm auf. Auch wenn die Mainau für ihre teils subtropische Vegetation bekannt ist, wird die Insel im Winter nicht von tieferen Temperaturen, Eis und Schnee verschont. Das Thermometer erreicht durchaus auch zweistellige Minusgrade, wie es zuletzt im Februar 2012 sogar über mehrere Tage der Fall war. Der Schnee ist meist sehr feucht und damit schwer, was vornehmlich immergrünen Pflanzen besondere Probleme bereitet.

Umgeben von sommerlichen Exoten wie Wunderbaum (*Ricinus communis* 'Carmencita Bright Red') und Korallenstrauch (*Erythrina crista-galli*) wacht Großherzog Friedrich I. von Baden über seinen Park. Mit dem schrittweisen Ausbau zu einer herrschaftlichen Gartenanlage nach dem Erwerb der Mainau im Jahr 1853 legte er das Fundament für den heutigen Schlosspark und botanischen Garten.

Die Mainau bzw. deren Umgebung wurde früh besiedelt. So sind beispielsweise Spuren steinzeitlicher Pfahlbauten im Flachwasser zu finden. Seit Beginn des 8. Jahrhunderts gehörte die Insel zur bedeutenden Klosterinsel Reichenau, die ca. 10 Kilometer südlich im sogenannten Untersee liegt. Im Jahr 1272 dann gelangte die Mainau in den Besitz des Deutschen Ordens. Die Ordensritter richteten eine Niederlassung, eine sogenannte Kommende, ein, die zur Ballei (Verwaltungseinheit) Elsass-Burgund gehörte.

In den über 500 Jahren, in denen der Deutsche Orden auf der Mainau ansässig war, stand auf der Insel die Landwirtschaft im Vordergrund. An den Südhängen wuchs Wein, auf dem Hochplateau befanden sich unter anderem weitläufige Obstgärten und in Ufernähe lagen Getreidefelder und Wiesen. Alte Karten zeigen auch geometrisch angelegte Gärten, die mit Sicherheit zur Ernährung der Bewohnerinnen und Bewohner beigetragen haben dürften. Mit der Auflösung des Deutschen Ordens gelangte die Mainau im Jahr 1806 an das neu entstandene Großherzogtum Baden. Die Großherzöge hatten aber an der Insel im Bodensee offensichtlich wenig Interesse und so erwarb sie schließlich im Jahr 1827 der ungarische Fürst Nikolaus von Esterházy. Nicht mehr benötigte Gebäude am Schloss ließ er ebenso abreißen wie die obsolet gewordenen Befestigungsanlagen. Mit ihm kamen die ersten fremdländischen Bäume und Sträucher auf die Mainau.

So ließ er 1830 am Rand des heutigen Arboretums einen Tulpenbaum (*Liriodendron tulipifera*) pflanzen. Auch das Feigenspalier an der Südfassade des Schlosses soll auf Pflanzen zurückgehen, die unter Esterházy auf die Mainau gebracht wurden.

Fürst Esterházys Nachkommen verkauften die Insel 1839 an Gräfin Katharina von Langenstein, die sie wiederum an ihre Tochter weiter veräußerte, ehe die Mainau schließlich 1853 vom späteren badischen Großherzog Friedrich I. als Sommerresidenz erworben wurde.

PFLANZENPARADIES FÜR DEN BADISCHEN GROSSHERZOG

Friedrich I. von Baden, der 1856 die preußische Prinzessin Luise, Tochter des späteren Kaiser Wilhelms I., heiratete, war ein leidenschaftlicher Pflanzensammler und Dendrologe und setzte unmittelbar nach dem Erwerb der Mainau das Werk Nikolaus von Esterházys fort, indem er weitere Gebäude und Befestigungsanlagen abreißen und neue Wege und Sitzplätze anlegen ließ. Dabei wurden nach und nach mehr oder weniger exotische Bäume und Sträucher auf der Insel ausgepflanzt. Schon 1856 wurde eine Allee aus Maulbeerbäumen angelegt, um eine Seidenraupenzucht zu beginnen. Zur Geburt der Tochter Viktoria veranlassten Friedrich I. und Luise 1862 die Pflanzung einer Sommerlinde – heute als Viktorialinde bekannt. Ab dem Jahr 1864 wurden die Bäume gepflanzt, die den Auftakt für das heutige Arboretum bildeten.

Großherzog Friedrich I. starb im Jahr 1907 in hohem Alter auf seiner geliebten Mainau. Aus Respekt vor dem Werk ihres Mannes verfügte seine Witwe, dass – nachdem der Park nun vollendet sei – nichts mehr verändert werden durfte. Dieser Umstand hielt 25 Jahre an, was zur Verwilderung des Parks führte.

DER SCHWEDISCHE PRINZ

Der Sohn von Luise und Friedrich I., Großherzog Friedrich II. von Baden, vermachte die Mainau an seine Schwester Viktoria. Viktoria von Baden hatte im Jahr 1881 den späteren schwedischen König Gustav V. geheiratet und war seit dem Jahr 1907 Königin von Schweden. Nach ihrem Tod im Jahr 1930 erbte ihr Sohn Wilhelm die Insel, der die Verwaltung der Mainau an seinen einzigen Sohn Lennart übertrug. Dieser hatte 1932 die bürgerliche Schwedin Karin Nissvandt geheiratet und deshalb alle Titel und Ansprüche eines Prinzen von Schweden verloren. Erst in den 1950er-Jahren erhielt er von Großherzogin Charlotte von Luxemburg den Adelstitel Graf af Wisborg. Das junge Paar beschloss, die Mainau im Bodensee zum Lebensmittelpunkt und zur Lebensgrundlage zu machen.

Damit begann die Umwandlung des großherzoglichen Parks zu einem Tourismusunternehmen von internationalem Rang. Zunächst machte sich Lennart Bernadotte daran, den – wie er selbst einmal schrieb – schwimmenden Dschungel aufzuräumen. Durch die Entnahme zahlreicher Gehölze, die die eigentlich wertvollen Exoten bedrängten, gelang es ihm, dem Park ein neues, attraktives Gesicht zu geben. Gleichzeitig öffnete er die Insel mehr und mehr für die Öffentlichkeit. Die Parkbesucher hatten den Wunsch, eine Ansichtskarte zu kaufen und auf der Insel eine Tasse Kaffee zu genießen: Das Tourismusunternehmen Mainau war geboren.

Nach dem Zweiten Weltkrieg wurde der botanische Garten sukzessive erweitert. So wurden beispielsweise der Italienische Rosengarten vergrößert, die Promenade der Wild- und

Nach dem Tod von Sonja Gräfin Bernadotte af Wisborg im Oktober 2008 entstand am Torbogengebäude der Sonja und Lennart Bernadotte-Platz, an dem über das Leben der beiden Mainau-Gestalter informiert wird. Eingebettet in ein Meer aus Triumphtulpen ('Rem's Favourite', 'Jan Reus', 'Black Jack', 'Gavota' und 'Havran') blicken die zwei Büsten zum Schloss.

Strauchrosen angelegt und die Italienische Blumen- und Wassertreppe gebaut.

Die Mainau wurde immer bekannter und war vor allem in den 1950er- und 1960er-Jahren der Inbegriff für Urlaub an der „deutschen Adria". Lennart Graf Bernadotte, der auf Bitten Heinrich Lübkes die Deutsche Gartenbaugesellschaft wieder begründet hatte, übertrug zu Beginn der 1980er die Geschäftsführung des Unternehmens Mainau an seine zweite Frau Sonja, die er 1972 geheiratet hatte. Mit ihr gründete er die Lennart-Bernadotte-Stiftung, die heute alleinige Gesellschafterin des Tourismusunternehmens Mainau GmbH ist.

In der Ära Sonja Gräfin Bernadotte, die ihrem Mann auch an der Spitze der Deutschen Gartenbaugesellschaft folgte, entstanden unter anderem im Jahr 1996 das Schmetterlingshaus und im Jahr 1998 ein neues Palmenhaus.

Nach dem Tod Lennart Graf Bernadottes im Jahr 2004 im Alter von 95 Jahren und dem Tod Sonja Gräfin Bernadottes im Jahr 2008 im Alter von nur 64 Jahren, stehen heute die beiden ältesten Kinder des Paares, Bettina Gräfin Bernadotte und Björn Graf Bernadotte, an der Spitze der Mainau GmbH. Der Philosophie ihrer Eltern folgend, steuern sie nun das Ruder des Blumenschiffs Mainau. Mit neuen Projekten entwickeln sie den botanischen Garten Mainau und gestalten ihn so als Ort der Erholung, Entspannung und gärtnerischen Inspiration weiter.

13
17
1 Schloss mit Kirche und Palmenhaus
2 Gärtnerturm und Torbogengebäude
3 Italienischer Rosengarten
4 Mediterranterrassen und Brunnenarena
5 Arboretum
6 Comturey und Hafen
7 Ufergarten
8 Italienische Blumen- und Wassertreppe
9 Dahliengarten
10 Staudengarten
11 Promenade der Wild- und Strauchrosen
12 Teich
13 Im Lauen
14 Platanenweg 5 und Insektengarten
15 Schmetterlingshaus
16 Küchengarten
17 Garten für Alle

N
1
2
3
4
5
6
7
8
9
10
11
12
14
15
16

AM SCHLOSS

Das barocke Ensemble aus Deutschordensschloss und Kirche St. Marien bildet das Zentrum des Mainau-Parks und den Rahmen für die Präsentation fremdländischer und exotischer Pflanzen. Johann Caspar Bagnato, Baumeister in Diensten des Deutschen Ordens, erbaute das Ensemble von 1732 bis 1746.

Das gegenüber dem Schloss liegende Torbogengebäude und der sogenannte Gärtnerturm kennzeichnen ebenso wie die in ihren Strukturen erhalten gebliebene Schlossmauer den zentralen, ehemals befestigten Schlossbereich, der zu Zeiten Großherzog Friedrichs I. als „innerer Garten“ bezeichnet wurde. Am Torbogengebäude sowie entlang des südwestlichen Teils der ehemaligen Schlossmauer bilden klassische Blumenbeete einen gestalterischen Gegenpol zur barocken Pracht der Schlossanlage. Wie alle anderen Wechselflorbeete auf der Mainau werden auch diese Flächen zweimal im Jahr bepflanzt. Im Oktober werden Blumenzwiebeln wie Tulpen, Narzissen und Krokusse in vielen verschiedenen Sorten gemeinsam mit Frühjahrsblühern wie Gänseblümchen (*Bellis perennis*), Horn-Veilchen (*Viola cornuta*) oder Vergissmeinicht (*Mysotis sylvatica*) zu komplexen Pflanzbildern zusammengefügt. Ab Anfang Mai werden diese Flächen abgeräumt und anschließend mit Sommerblumen bestückt.

In der großen Rasenfläche vor dem Schloss liegt ein geometrisches Blumenbeet. Das Beet ist entsprechend ornamental bepflanzt und nimmt somit die barocke Symmetrie auf. Der durch das dreiflügelige Schloss gebildete Hof ist ein stimmungsvoller Ort für die Präsentation des Könnens der Gärtner der Insel und der botanischen Schätze der Gärtnerei, wie etwa die Sammlung historischer Zitrussorten.

Solche Schätze finden sich auch im Palmenhaus auf der Südterrasse des Schlosses. Dieses komplett abschlagbare Orangeriegebäude beherbergt eine Sammlung stattlicher Palmen, die hier fest ausgepflanzt sind. Der erste Vorgängerbau des heutigen Palmenhauses wurde bereits 1867 zwischen dem Südflügel des Schlosses und dem heutigen Italienischen Rosengarten errichtet.

Voherige Seite: Mit knapp 45 Hektar Gesamtfläche ist die Mainau nach der Reichenau und Lindau die kleinste der drei großen Bodenseeinseln. Sie liegt am südöstlichen Ende des sogenannten Überlinger Sees direkt unterhalb des Orts Litzelstetten, der 1971 in die Stadt Konstanz eingemeindet wurde.

Ein farblich abgestimmtes Band aus Tulpen (im Vordergrund: 'Page Polka', 'Peppermintstick', 'Rosalie' und 'Artist') und Frühjahrsblumen wie Vergissmeinnicht (*Myosotis sylvatica*) oder Horn-Veilchen (*Viola cornuta*) lenkt den Blick zum Gärtnerturm mit der Kletterrose 'New Dawn'.

Vor dem Schloss sind im sogenannten Blumengarten, einem knapp 500 m² großen Wechselflorbeet zwischen Gärtnerturm und Italienischem Rosengarten Bananenstauden, Blütensträucher und einjährige Sommerblumen arrangiert. Die Kombination von einjährigen Sommerblumen mit klassischen Kübelpflanzen ist eine Besonderheit in der Beetgestaltung im Park der Mainau. Alle diese Beetsolitärpflanzen werden im Herbst wieder aus den Beeten geholt, eingekübelt und in den Gewächshäusern der Mainauer Gärtnerei überwintert.

Das Palmenhaus auf der südlichen Schlossterrasse schützt unter anderem die ausgepflanzten Dattelpalmen vor winterlicher Kälte. Durch die helle und großzügige Architektur in Verbindung mit einer ansprechenden Bepflanzung ist das Haus ein idealer Ort für die alljährliche Orchideenschau im Frühjahr. Passend zum jeweiligen Jahresmotto der Insel und mit einem botanischen Ausstellungsschwerpunkt zeigen die Gärtner einen Teil der Orchideensammlung, die sonst nicht öffentlich zugänglich ist.

An der Zufahrt zum Schloss wird der Besucher von einem mächtigen Horst des großen Holz-Bambus (*Phyllostachys bambusoides* 'Violascens') empfangen. Er wurde 1905 gepflanzt und hat in den letzten 110 Jahren immer wieder dem Wetter getrotzt. Vor allem bei Schnee sind die Halme bruchgefährdet.

Seit Mitte der 1990er-Jahre ist die Mainau im Besitz einer Sammlung historischer Zitrussorten, die auf Hochstämmchen von *Citrus aurantium* veredelt sind. Der Gartenarchitekt Wolfgang Hundbiss hatte die 50 Sorten in verschiedenen Gärten Italiens zusammengetragen und damit eine handverlesene Kollektion edler Varietäten geschaffen.

Über dem herbstlichen Italienischen Rosengarten thront der große Gingkobaum (*Ginkgo biloba*). Das aus China stammende Gehölz wurde 1872 gepflanzt und ist mit seiner majestätischen Erscheinung und seiner goldgelben Herbstfärbung ein perfektes Pendant zur Schlosskirche St. Marien.

DER ITALIENISCHE ROSENGARTEN

Der Italienische Rosengarten entstand in seiner ursprünglichen Form in den 1860er-Jahren und war 1871 zunächst als „Blumengarten im italienischen Stil" fertiggestellt worden. Während an der Nordseite die Balustradenmauer mit der geschwungenen Doppeltreppe den Garten begrenzt, bilden an der West- und Ostseite jeweils Laubengänge und im Süden eine Pergola den räumlichen Abschluss. Üppig mit verschiedenen Kletterrosen bepflanzt, ergeben sie einen reizvollen Rahmen für den streng geometrischen, nach italienischen Vorbildern gestalteten historischen Teil des Gartens.

Der Garten entstand in einer Zeit, in der mit der Markteinführung der Rosensorte 'La France' in Frankreich (1867) die Wende in der Rosenzüchtung von den alten zu den moderneren Rosen eingeläutet wurde. Deshalb dürfen wir heute davon ausgehen, dass im „Blumengarten im italienischen Stil" auf der Mainau von Beginn an auch Rosen und vor allem immer wieder auch Rosenneuheiten zu sehen waren. So ist es nicht verwunderlich, dass bereits 1886 die Anlage im Buch „Rheinische Gärten" von Ludwig von Ompteda als Rosengarten bezeichnet wird.

An der Gestaltung hat sich bis heute wenig verändert: Rosenhochstämmchen stehen in Beeten, die mit Beet- und Edelrosen bepflanzt sind. Im 20. Jahrhundert wurde der Garten unter Lennart Graf Bernadotte af Wisborg zweimal nach Plänen des damaligen Gartendirektors der Mainau und Rosenfreund Josef Raff erweitert: Im Jahr 1961 erfolgte eine Erweiterung in Richtung Süden unter Einbeziehung des vorhandenen großen Springbrunnens und 1980 entstand am westlichen Ende der sogenannte Neuheitenteil. Im Letzteren werden immer wieder neue Rosensorten aufgepflanzt, die teilweise sogar auf der Mainau getauft wurden, und längstens fünf Jahre gezeigt. Bei der Auswahl von neuen Rosen für den Garten werden vor allem drei Kriterien zugrunde gelegt: hohe Widerstandskraft gegen Krankheiten, ansprechende Blüten und nach Möglichkeit ein guter Duft.

Der Monat Juni steht auf der Mainau ganz im Zeichen der Rose. Die Kletterrosen an der Balustrade läuten die Hochblüte der sogenannten Königin der Blumen im Italienischen Rosengarten ein. An der Mauer aus Rorschacher Sandstein reiht sich Blüte an Blüte, die zu einer bunten Melange verschwimmen. Die Sorten 'Hella' und 'Florentina' rahmen die Marmorfigur ein, die als Allegorie für den Frühling steht.

Von der südlichen Schlossterrasse hat man einen guten Blick über die Anlage: Seit seiner Fertigstellung im Jahre 1871 hat sich der Italienische Rosengarten in seinem Kernbereich nur geringfügig verändert. Nach wie vor sind in schmalen Beeten, die von Rasen umgeben sind, Beet-, Edel-, Bodendecker- und Kleinstrauchrosen gepflanzt, über denen Rosenhochstämme mit einer Stammhöhe von 120 bis 140 cm stehen.

Die Edelrose 'Gräfin Diana' überzeugt durch angenehmen Duft, ansprechende Blüte und Blattgesundheit. Die Neuheit wurde 2012 auf den Namen der jüngsten Tochter von Sonja Gräfin Bernadotte und Lennart Graf Bernadotte getauft.

Folgende Seite: An der Pergola streben die Kletterrosen dem Himmel entgegen, wie etwa die Sorten 'Laguna' (Bildmitte) oder 'Jasmina' (rechts daneben). Zu ihren Füßen breitet sich die Kleinstrauchrose 'Bad Birnbach' aus.

MEDITERRANTERRASSEN UND BRUNNENARENA

Die Mediterranterrassen mit der Brunnenarena zählen aufgrund ihrer Lage an der südlichen Flanke des Mainauplateaus zu den sonnigsten Plätzen der Blumeninsel. Bei klarem Wetter bietet sich den Besuchern ein weiter Blick über den Bodensee und das Schweizer Appenzell hinweg bis zu den Gipfeln der Alpen. Als Gartenanlage mit vier Höhenstufen wurden die Mediterranterrassen in den Jahren 1964 bis 1968 in Eigenleistung von den Gärtnern der Insel aus Gneis aus dem Calancatal im Tessin gebaut. Als Abschluss der Gesamtanlage und aus Anlass des 70. Geburtstags von Lennart Graf Bernadotte wurde im Jahr 1979 die Brunnenarena mit dem sogenannten Schwanenbrunnen fertiggestellt. Bereits zehn Jahre zuvor war auf einer der Terrassen eine Sonnenuhr aufgestellt worden.

Vom zeitigen Frühjahr bis in den Herbst hinein verbreiten an diesem sonnenverwöhnten Ort Pflanzen wie Hanfpalme (*Trachycarpus fortunei*), Immergrüne Eiche (*Quercus turneri* 'Pseudoturneri'), Echte Zypresse (*Cupressus sempervirens*) oder Orangenblume (*Choisya ternata*) zusammen mit den Einjährigen und Exoten der Blumenbeete ein mediterranes Flair. In den Sommermonaten wird hier zudem die Passionsblumensammlung der Inselgärtnerei gezeigt – eine Sammlung, die mittlerweile über 50 Arten und Sorten dieser tropisch anmutenden Pflanzengattung umfasst.

Von der sommerlichen Brunnenarena geht der Blick über den See hin bis zu den Alpengipfeln im österreichisch-schweizerischen Grenzgebiet. Im Zentrum der imposanten Gartenanlage steht der filigrane Schwanenbrunnen, der von Dr. Marianne Kiesselbach geschaffen wurde. Die königsblauen Blüten des afrikanischen Liebessterns im Vordergrund des Brunnenbeckens unterstreichen das südländische Flair.

Die wärmeliebende Amerikanische Trompetenblume (*Campsis radicans*) fühlt sich an den Mediterranterrassen sehr wohl und hat schon einen knorrigen Stamm entwickelt. Der sonnige Standort und das dunkle Gestein des Gneises behagen der Kletterpflanze aus dem Osten Nordamerikas.

Schneefall und Temperaturen unter 0° Celsius sind für den Bodensee und damit auch für die Mainau nicht außergewöhnlich, sodass Exoten wie die Hanfpalme (*Trachycarpus fortunei*) hin und wieder einen Schneeüberzug erhalten, wobei dieser meist rasch wieder verschwindet.

Folgende Seite: Der dunkle Farbton des Gneises aus dem Tessin bringt die Frühjahrsbepflanzung an der Brunnenarena in gelben und orangefarbenen Tönen besonders zum Leuchten. Im Hintergrund stehen die Darwin-Hybrid-Tulpen auf der Wiese am Schwedenturm in voller Blüte.

DAS ARBORETUM

Das knapp fünf Hektar große Arboretum mit seinen teils stattlichen Baumexemplaren ist ein Eldorado für Gehölzliebhaber und ganzjährig ein Ort der Ruhe. Ab 1864 wurden auf der bis dahin landwirtschaftlich genutzten Fläche auf Veranlassung Großherzog Friedrichs I. fremdländische Bäume angepflanzt. Im Verlauf der letzten 150 Jahre ist so eine interessante und umfangreiche Sammlung entstanden. Aufgrund der Vorliebe des Großherzogs für Koniferen wird das Erscheinungsbild der Baumsammlung vor allem durch Nadelgehölze geprägt. Allen voran sind hier die Bergmammutbäume (*Sequoiadendron giganteum*) oder auch die Atlas-Zedern (*Cedrus atlantica* und *Cedrus atlantica* 'Glauca') sowie die Scheinzypressen (*Chamaecyparis*) zu nennen. Hinzu kommen eine Reihe von teilweise ausgefallenen Koniferenarten wie diverse Tannen (*Abies grandis* und *A. firma*), Sicheltannen (*Cryptomeria japoncia* und Sorten), Weihrauchzedern (*Calocedrus decurrens*), eine Kalifornische Nusseibe (*Torreya californica*) oder Küstenmammutbäume (*Sequoia sempervirens*). Zwischen all den Zapfenträgern wachsen aber auch etliche nicht weniger interessante Laubgehölze, wie beispielsweise ein Rosinenbaum (*Hovenia dulcis*), eine 1969 zu Ehren von Lennart Graf Bernadotte gepflanzte Farnblättrige Rot-Buche (*Fagus sylvatica* 'Asplenifolia') und eine Rot-Eiche (*Quercus rubra*) aus dem Jahr 1875. Nach Norden bildet eine Reihe aus Tulpenbäumen (*Liriodendron tulipifera*) den Abschluss des Arboretums. Hier steht auch der älteste Baum der Insel, zu dem das Pflanzjahr vorliegt: ein weiterer Tulpenbaum, der unter Nikolaus von Esterházy hier 1830 gepflanzt wurde. Im Süden verläuft vom historischen Wasserreservoir bis zur sogenannten Viktorialinde eine ebenfalls historische Allee aus Ess-Kastanien, Platanen, Eichen und Walnüssen. Dieser Bereich entwickelt sich in den ersten Monaten eines Blumenjahres zur wahren Frühlingsallee, wenn beiderseits des Wegs abertausende Frühlingsgeophyten, vor allem Narzissen und Tulpen, blühen.

Vom Fuß des Stammes geht der Blick in die Krone eines Bergmammutbaums: Im Jahr 1864 ließ Friedrich I. den ersten Baum dieser aus Kalifornien stammenden Koniferenart auf der Fläche des heutigen Arboretums pflanzen. Im Lauf der Jahre kamen weitere hinzu, sodass auf der Mainau heute über sechzig Exemplare dieser Baumgiganten zu finden sind und die Insel somit zu einem Hotspot für diese Art in Deutschland machen.

Die Mainau ist bekannt für ihre Wiesenflächen, in denen im Frühjahr abertausende Tulpen erscheinen. Diese untypische Form der Verwendung entstand aus einer Not heraus: In den frühen 1950er-Jahren kam es bereits im November zu einem Wintereinbruch mit tiefen Temperaturen, die den Boden gefrieren ließen. Nur am Südhang war der Boden unter einer Laubdecke noch offen, sodass hier alle übrigen Blumenzwiebeln gepflanzt wurden.

Jede sogenannte Tulpenwiese wird spätestens nach zwei Jahren wieder mit neuen Tulpen ergänzt. Mit den Blumenzwiebeln, die noch blüh- und austriebsfähig in der Erde schlummern, entstehen so immer wieder neue Pflanzenbilder.

Folgende Seite: Vom Beet am Gärtnerturm mit Kaiserkronen, Tulpen und Narzissen wandert das Auge vorbei an Atlas-Zedern (*Cedrus atlantica*) über eine große Lichtung – den sogenannten Langen Blick – in das Arboretum.

Im Arboretum wechseln sich Lichtungen und Durchblicke mit Gehölzgruppen und Einzelbäumen ab. Legte Großherzog Friedrich I. den dendrologischen Grundstock, so war es Lennart Graf Bernadotte, der der Baumsammlung ihr heutiges Aussehen verlieh. Der Park war nach dem Tod Friedrichs I. im Jahr 1907 in einen Dornröschenschlaf gefallen und aufgrund dichter Bepflanzung und mangelnder Pflege verwildert. Durch gezielte Entnahme einiger geringwertiger Gehölze gelang es Graf Bernadotte, das botanische Chaos zu einem Park zu formen.

Im Jahr 1870 wurde mindestens ein Exemplar des im Südosten Nordamerikas heimischen Trompetenbaums (*Catalpa bignonioides*) gepflanzt, dem im Arboretum der Mainau ausreichend Platz für seine Entwicklung gewährt wurde. Durch Schleppenbildung hat sich der prächtige Sommerblüher ein enormes Areal „erwachsen" und die Äste und Zweige geben ihm einen verwunschenen Charakter. Er wird gerne mit unseren eher trägeren Zeitgenossen verglichen. Schließlich treibt der *Catalpa* spät aus und verliert schon früh seine Blätter.

Vor der dunklen Kulisse einer Eibe und einer Scheinzypresse kommt das Kentucky-Gelbholz (*Cladrastis lutea*) mit seiner leuchtend gelben Herbstfärbung besonders gut zur Geltung. Der Baum, der im östlichen Nordamerika zu Hause ist und zur Familie der Schmetterlingsblütler gehört, wartet im späten Frühjahr mit aparten hängenden, weißen Blütentrauben auf.

Die Chinesische Birke (*Betula albosinensis*) zählt zu den Gehölzen mit einer interessanten Rindenstruktur. Die Borke des in Westchina beheimateten Baumes rollt dünn ab und erregt durch ihr kupferfarbenes Stammbild Aufmerksamkeit.

AM HAFEN

Der denkmalgeschützte, historische Hafen der Insel Mainau zählt mit zu den am stärksten frequentierten am internationalen Bodensee. Gut ein Drittel der Besucher betreten hier den Park, nachdem sie zuvor die Insel mit einem Schiff der Weißen Flotte erreicht haben. Unter anderem werden sie dabei von mächtigen Bergmammutbäumen aus großherzoglicher Zeit empfangen.

In den Jahren 2012 bis 2014 wurde der gesamte Eingangsbereich am Hafen umgestaltet. In erster Linie entstand dabei am Fuße des Schlosses ein neues Gastronomiegebäude, das sich durch eine architektonisch interessante, in Weißtannenholz gehaltene Fassade auszeichnet. Ergänzt wurde das als Comturey bezeichnete Bauwerk um ein kleineres Biergartengebäude, das gleichzeitig auch Raum für die Besucherinformation und Eintrittskassen bietet. Der Name ist auf die Deutschordensritter zurückzuführen, die hier als Komture herrschten. Das Dach der einstöckigen Comturey ist zu einem intensiven Dachgarten mit Kleinbäumen sowie Gehölz- und Staudenflächen gestaltet, der sich vom Schlossabhang über das Gebäude ausbreitet. Dieser Umstand führt dazu, dass sich das Haus nach und nach im Grünen zurücknimmt und auch von den Besuchern des Dachgartens zunächst nicht als Gebäude erkannt wird. Mit dem Bau des Gartens wurde der bestehende, von Hortensien gesäumte Weg über das Gebäude hinweg bis zum Ufergarten verlängert, was den Gästen nun eine stufenlose Verbindung zur oberen Inselebene ermöglicht. Der pflanzliche Schwerpunkt des Dachgartens liegt zum einen in der Verwendung graulaubiger Gehölze und Stauden, zum anderen in der Präsentation des Hortensiensortiments, dessen Umfang auf der Mainau durch die Neugestaltung erheblich vergrößert wurde.

Im Zuge der Umgestaltungen des Hafenbereichs entstand im Frühjahr 2014 ein neuer Biergarten. Da die Bäume, die man hier zur Beschattung pflanzen wollte, den Ausblick vom Dachgarten nicht allzu sehr beeinträchtigen sollten, wurde eine für Biergärten eher untypische Baumart ausgewählt: die Seidenakazie (*Albizia julibrissin*). Sie treibt zwar spät aus, entschädigt aber durch filigrane Blüten im Hochsommer.

Um auch in den hinteren Bereichen des Gebäudes eine natürliche Belichtung zu erreichen und den historischen Turm räumlich freizustellen, schuf der Architekt der Comturey, Matthias Hein insgesamt vier voll verglaste und nach oben offene Lichthöfe. In diesen Gartenräumen kreierten die Gartenplaner kleine grüne Oasen, in denen aufgrund des speziellen Klimas etwas empfindlichere Pflanzen wie etwa die Zimmeraralie (*Fatsia japonica*) eingesetzt wurden.

Am Fuß des Schlosshangs erstreckt sich der Dachgarten des neuen Gebäudes mit dem historischen Comturey-Turm in der Mitte. Der große Hauptweg, der sich vor dem Turm zu einem Platz öffnet, durchquert eine Gartenanlage, die sich durch artenreiche Gehölz- und Staudenpflanzungen auszeichnet und in der schirmförmig gezogene Gehölze für Schatten sorgen. Vor allem für Bereiche mit einer hohen Wärmerückstrahlung wurden dabei in erster Linie graulaubige Pflanzen ausgewählt.

Die Teller-Hortensie 'Avelroz' (*Hydrangea serrata* 'Avelroz') gehört zu den neueren Züchtungen in dieser Hortensiengruppe. Die Blütenstände dieses ursprünglich aus Japan stammenden Strauchs wirken sehr natürlich, weshalb die Pflanze im Garten gut mit anderen Gehölzen und Stauden kombiniert werden kann. Sie gedeiht an sonnigen bis halbschattigen Standorten, an denen der humose, ausreichend feuchte und doch gut durchlässige Boden keinen zu hohen pH-Wert aufweist.

Am westlichen Ende des Dachgartens, wo der Hauptweg langsam zu den höher gelegenen Bereichen der Mainau ansteigt, wurde der Schwerpunkt in der Pflanzenauswahl auf die klassischen Garten-Hortensien (*Hydrangea macrophylla*) mit ihren ballförmigen Blüten gelegt. Über 50 verschiedene Sorten allein aus dieser Gruppe, wie etwa 'Bodensee' oder 'Bloomstar' aus der Serie „Endless Summer", wurden mit Begleitstauden zu farblich abgestimmten Kompositionen arrangiert.

IM UFERGARTEN

Der sogenannte Ufergarten erstreckt sich am Fuß des Ostabhangs der Insel zwischen Comturey und Italienischer Blumen-Wassertreppe. Dieser Teil des Parks ist zum einen geprägt durch seeseitige Gehölzstrukturen aus Rot-Buche (*Fagus sylvatica*), Buchsbaum (*Buxus sempervirens*) und Eibe (*Taxus baccata*) und zum anderen durch im Ostabhang gepflanzte, teilweise sehr mächtige Koniferen wie Scheinzypresse (*Chamaecyparis lawsoniana*) und Riesen-Lebensbaum (*Thuja plicata*). Dazwischen finden sich eingestreut einige interessante Einzelbäume wie etwa eine Schwarznuss (*Juglans nigra*) oder auch ein Urweltmammutbaum (*Metasequoia glyptostroboides*). Letzterer ist ein Geschenk des botanischen Gartens Kew in London und wurde hier im Jahr 1952 ausgepflanzt.

Schließlich gibt es im Ufergarten großzügige, für die Region eher untypische Pflanzungen von *Rhododendron* in unterschiedlichen Arten und Sorten. In den dafür geschaffenen Pflanzbeeten fühlen sich auch die Japanische Kamelie (*Camellia japonica*) und ihre Sorten ohne größere Winterschutzmaßnahmen wohl und kommen regelmäßig zur Blüte.

Durch den Ufergarten schlängelt sich ein filigranes Blumenband, das im Frühjahr vornehmlich spät blühende Tulpen zeigt, während hier im Sommer knapp drei Meter hohe und entsprechend alte Fuchsiensträucher und andere Schätze im Kübel aus der Gärtnerei kombiniert mit Sommerblumen gezeigt werden. An einer geneigten Fläche des Ostabhangs wurde im Jahr 1975 ein Blumenrelief angelegt, das dem Bodensee nachempfunden ist und die wichtigsten am Ufer liegenden Städte zeigt. Am nördlichen Ende, flankiert von mächtigen, vermutlich über 200 Jahre alten Linden befindet sich die Blumenuhr. Dieses besondere Blumenbeet wurde in Anlehnung an die Blumenuhr, wie sie von Carl von Linné entwickelt worden war, angelegt. Am Öffnen bzw. Schließen der einzelnen Blüten lässt sich die Uhrzeit ablesen.

Im langen Beet im Ufergarten erblühen die lilienblütige Tulpe 'Yume no Murasaki' und die gefranste Sorte 'Fancy Frills', umgeben von den weiß blühenden Tulpen 'Spring Green' und 'Purissima', den weißblütigen Narzissen 'Stainless' und 'Cheerfulness' sowie der blauen Gartenanemone (*Anemone coronaria* 'Mr Fokker').

Im Mai stehen die Rhododendronpflanzungen auf der Blumeninsel in voller Blüte, genau dann, wenn im Blütenkalender der Übergang von Frühlings- zu Sommerblumen stattfindet. Als 1971 die ersten Rhododendronsträucher auf der Mainau gepflanzt wurden, mussten von den damaligen Gärtnern große Anstrengungen unternommen werden, um für die niedrige pH-Werte bevorzugenden Gehölze

den Boden vorzubereiten. Anstrengungen, die sich gelohnt haben: Aus den einzelnen Sträuchern haben sich malerisch ineinander gewachsene Strauchgruppen entwickelt, die zur Blütezeit bunte Farbtuffs in das Grün der Nadelgehölze im Hang malen.

Die Fuchsien, wie hier die Sorte 'Beacon Rosa', zählen zu den Klassikern bei den Kübelpflanzen und haben auf der Mainau eine lange Tradition.

Im Lauf der Zeit hat sich die Beetgestaltung auf der Insel Mainau verändert: zum Beispiel ergänzen heute Pflanzen, die eigentlich in das Staudensortiment gehören, das klassische Pflanzenrepertoire. Hierzu zählen beispielsweise auch die Hybriden des Roten Sonnenhuts (*Echinacea*).

Das Indische Blumenrohr (*Canna indica*) steht in besonderem Maße für tropische Exotik und gehört fest zum Sommerblumen-Sortiment der Mainau. Im Blumenband des Ufergartens kommen diese ornamentalen Pflanzen sehr gut zur Geltung. Die hohe Sorte 'Marabout' wartet mit orangeroten Blüten auf.

DIE ITALIENISCHE BLUMEN- UND WASSERTREPPE

Die Italienische Blumen- und Wassertreppe an der Südseite der Mainau ist eines der beliebtesten Fotomotive auf der Blumeninsel. Die Gartenanlage wurde in den Jahren 1981 bis 1982 aus Anlass des 50jährigen Betriebsjubiläums von Lennart Graf Bernadotte nach Plänen von Josef Raff geschaffen. Der Lauf der Italienischen Blumen- und Wassertreppe beginnt am südöstlichen Ende der Mediterranterrassen. Knapp unter einem Aussichtspunkt entspringt das Wasser der Treppenanlage, ergießt sich über viele Stufen in den Dahliengarten und überwindet dabei einen Höhenunterschied von etwa 18 Metern. Wie auch die Brunnenarena und die Mediterranterrassen ist die Italienische Blumen- und Wassertreppe aus Calanca-Gneis gebaut, der mit seinem anthrazitfarbenen Erscheinungsbild den Hintergrund für die bunte Blumenpracht bildet. Diese wechselt auch an dieser Treppe zweimal im Jahr: Im Frühjahr sorgen Tulpen, Narzissen und andere Frühjahrsblüher für ein farbenfrohes Plätschern, ehe dann ab Mai subtropische Blütensträucher wie Granatapfel, Bleiwurz (*Plumbago auriculata*) oder Bougainvillea südländisches Flair verströmen. Echte Zypressen auf beiden Seiten verstärken die architektonische Wirkung des geradlinigen Wasserlaufs, und eine größere Zahl Lavendelsträucher im unmittelbaren Hangbereich unterstreicht die Fernwirkung der Wechselbepflanzungen.

Ursprünglich endete die von Josef Raff geplante Anlage mit dem unteren Bassin unmittelbar an dem Weg, der von den Dahlien in den Ufergarten führt. Vor einigen Jahren wurde der Wasserlauf vom unteren Bassin bis zum Seeufer jedoch im Rahmen eines Kunstprojekts nach Plänen des deutschen Künstlers Stefan Szczesny erweitert. Dabei wurde der Boden der gesamten Wasserrinne von der Quelle bis zur Mündung in den See einschließlich der Bassins mit einem goldfarbenen Glasmosaik ausgekleidet. Drei Wasserbecken wurden zudem mit für den Künstler typischen Aktzeichnungen mit schwarzen Mosaiksteinchen versehen.

Eingefasst von echten Zypressen ergießen sich die Blumenbeete der Italienischen Blumen- und Wassertreppe, die in Anlehnung an die Kaskaden der Renaissancegärten entstand, im Frühjahr einem bunten Teppich gleich zum See. Das Horn-Veilchen (*Viola cornuta*) ist eine pflegeleichte und robuste, aber auch leuchtstarke Pflanze und eignet sich sehr gut als Unterpflanzung für Tulpen.

Das Wasser zum Gießen der Pflanzflächen wird mittels einer Pumpstation am Nordufer aus dem Bodensee gepumpt und durch ein Leitungsnetz über die Insel verteilt. An Hydranten entnehmen die Gärtner das Wasser und über Schwinghebelregner oder klassische Gießgeräte am Schlauch wird es über den Pflanzungen ausgebracht. An manchen heißen Tagen ergeben die entstehenden Sprühnebel zusammen mit den Pflanzungen reizvolle Bilder.

Während die Dahlie auf der Mainau gern als Königin des Herbstes bezeichnet wird, zählt er zu den Königen der dritten Jahreszeit: der Amberbaum (*Liquidambar styraciflua*). Das Gehölz aus Nord- und Mittelamerika legt dann ein prächtiges Herbstkleid an und steht leuchtend über der Italienischen Blumen- und Wassertreppe. Zu seinen Füßen erstreckt sich ein Pfingstrosengarten, der im Mai die Besucher in seinen Bann zieht, wenn beispielsweise einige Sorten von *Paeonia rockii* erblühen.

Folgende Seite: Hochsommerliche Morgenstimmung an der Italienischen Blumen- und Wassertreppe: Die zartvioletten Kronen der zum Hochstamm erzogenen Solitärpflanzen des Kriechenden Wandelröschens (*Lantana montevidensis*) schweben über einer farblich passenden Unterpflanzung, in der unter anderem die Dahliensorte 'Melody Fanfare', das Afrikanische Lampenputzergras (*Pennisetum setaceum* 'Rubrum'), die Buntnessel 'Caipirinha' (*Plectranthus scutellarioides*) und der Mehlige Salbei 'Evolution Violet' (*Salvia farinacea*) zu entdecken sind.

IM DAHLIENGARTEN

Auf Anregung des langjährigen Präsidenten der Deutschen Dahlien-, Fuchsien- und Gladiolengesellschaft, Hans Günther Moes fand im Jahr 1952 die erste Dahlienschau auf der Mainau statt. Im Ufergarten wurden damals über 10.000 Pflanzen in ca. 200 Sorten gezeigt. Der Grundstein für eine alljährlich wiederkehrende und bei den Besuchern der Insel überaus beliebte Pflanzenschau war damit gelegt.

Im Lauf der Zeit wurde es den sonnenhungrigen Dahlien aber im Ufergarten zu schattig und so zogen die Mexikanerinnen im Jahr 1972 in den extra dafür gestalteten neuen Dahliengarten am Fuß der Mediterranterrassen um. Im Herbst 2000 schließlich wurden die bis dahin rechteckigen Felder südlich des Hauptweges zu zwei geschwungenen Bändern umgestaltet.

Von Ende August bis Anfang Oktober findet hier alljährlich die Dahlienschau mit mehr als 250 Sorten statt. Die Gärtnerei der Mainau bezieht für die Schau alljährlich im April von den Züchtern aus Deutschland und dem europäischen Ausland bewurzelte Stecklinge, die zu Jungpflanzen weiterkultiviert werden. Diese werden in der zweiten Junihälfte im Dahliengarten ausgepflanzt. Dabei nehmen die Mainau-Gärtner bewusst in Kauf, dass die Hauptblüte der Dahlien erst Ende August einsetzt, es somit aber am Ende des Blumenjahres nochmals zu einem weiteren floralen Feuerwerk kommt.

Unterhalb der Libanon-Zeder (*Cedrus libani*) warten unter anderem die Dahliensorten 'Jacqueline' und 'Naturarena Bergisches Land' auf die Gunst der Mainau-Besucher. Sie krönen in der Dahlienwahl ihre Favoritin und küren so die „Mainau-Dahlienkönigin". Die Vorpflanzung besteht u. a. aus der Salbeisorte 'Mystic Spires Blue' (*Salvia farinacea*) und dem Strauchbasilikum 'Magic Blue' (*Ocimum basilicum*).

Wenn zum Ausklang des Blumenjahres auf der Mainau die Dahlien in Hochblüte stehen, legen auch die Laubgehölze im Südhang ihr farbenfrohes Herbstkleid an: Das goldgelbe Laub des Lebkuchenbaums (*Cercidiphyllum japonicum*), die gelbgrünen Blätter des Amerikanischen Geweihbaums (*Gymnocladus dioicus*) und das Rot des Perückenstrauchs (*Cotinus coggygria* 'Royal Purple') ergänzen das Feuerwerk der Dahlien.

Die Sorte 'Alexander von Humboldt' aus der Gruppe der Dekorativen Dahlien gehört heute zum festen Repertoire der Dahlienschau auf der Mainau. Schließlich wurde sie schon 1964 zur Mainau-Dahlienkönigin gekrönt.

Der vergleichsweise späte Pflanztermin der Dahlien bringt für die Gärtner der Insel einen interessanten Gestaltungsaspekt mit sich: Im Frühjahr lassen sich auf den weitläufigen Beeten des Dahliengartens Frühlingsblumen zeigen, die aufgrund ihrer späten Blüten in einem klassischen Frühlingsbeet der Mainau gar nicht in Blüte kommen würden. Zu späten Tulpen, Zierlauch und Islandmohn gesellen sich so beispielsweise Gämswurz, Nachtviole und Silberling und bilden attraktive Pflanzkombinationen.

Im Dahliengarten eröffnet eine Melange einfacher später Tulpen aus 'Queen of Night' in Schwarzrot, 'Kingsblood' in Dunkelrot, 'Portofino' mit cremeweiß und rot geflammten Blüten und 'Princess Margaret Rose' in Gelb mit rotem Rand gemeinsam mit weißem Vergissmeinnicht (*Myosotis sylvatica* 'Snowsylva') und Islandmohn (*Papaver nudicaule* 'Pulcinella Improved Red') den Blütenreigen.

Folgende Seite: Auf das südliche Bodenseeufer scheint die Sonne schon früh am Morgen und bringt die Dahlien zum Leuchten. Damit dieses stimmungsvolle Bild bis in den Oktober erhalten bleibt, werden die Knollenpflanzen von den Gärtnern an Stäben aufgebunden und die absterbenden Blüten regelmäßig ausgeschnitten.

89

STAUDENGARTEN UND STRAUCHROSEN

In westlicher Richtung schließt sich an den Dahliengarten die Promenade der Wild- und Strauchrosen an. Die Sammlung verschiedener Rosenarten, -auslesen und -züchtungen wurde vom damaligen Gartendirektor Josef Raff in den Jahren 1969 bis 1979 angelegt. Der ausgewiesene Rosenfachmann wollte durch praktische Versuche das Wuchsverhalten der Strauchrosen bei unterschiedlichen Schnittmaßnahmen beobachten und ließ deshalb zunächst von jeder Sorte drei Exemplare pflanzen. Jene Sträucher, die überhaupt nicht geschnitten wurden, entwickelten sich zu großen Exemplaren, die bis heute das Bild der Sammlung prägen.

Im Lauf der Jahre wurde die Kollektion immer wieder verjüngt und ergänzt. Heute sind die Pflege der Anlage und die Sortenwahl für Neupflanzungen an die zwischenzeitlich veränderten Auflagen für den Pflanzenschutz angepasst. Die Mainau GmbH legt bei ihrem wirtschaftlichen Handeln einen besonderen Fokus auf Nachhaltigkeit. Daher kommen in der Promenade der Wild- und Strauchrosen nur noch biologische Pflanzenschutzmittel und Pflanzenstärkungsmittel zum Einsatz. Eine dendrologische Kulisse für die Rosen bilden unter anderem eine Gruppe aus Sumpfzypressen (*Taxodium distichum*) und etliche Küstenmammutbäume (*Sequoia sempervirens*), die die Gärtner der Insel bereits im Jahr 1956 von der Sequoiafarm in Kaldenkirchen bezogen. Am Fuß dieser ansehnlichen Nadelgehölze breitet sich seit dem Jahr 2010 der neue Staudengarten der Mainau aus. Dieser Parkteil entstand auf Initiative der Gesellschaft der Staudenfreunde und nach einer Konzeption von Prof. Dr. Stefan Körner von der Universität Kassel. Ziel der Planung war es, einen Garten zu schaffen, der durch geeignete Pflanzenauswahl eine ganzjährig hohe Attraktivität, vor allem auch für Blumenfreunde, aufweist. Das Motto, das der Planung zugrunde liegt, heißt deshalb nicht umsonst „Ein Feuerwerk in Zeitlupe“.

Der knapp 4.000 m² große neue Staudengarten ist trotz seiner Lage am Hang durch zwei stufenlose, parallel zur Promenade der Wild- und Strauchrosen angelegte Hauptwege auch für Rollstuhlfahrer erlebbar. Wege zweiter Ordnung und Pflegewege gliedern die einzelnen Beete. Geschnittene Hecken aus Eibe (*Taxus media* 'Hicksii') und Rot-Buche (*Fagus sylvatica*) erzeugen Räume und geben der Pflanzung optischen Halt.

Die orangerot blühende Riesen-Montbretie (*Crocosmia paniculata*), eine Staude aus Südafrika, strahlt mit ihren auffallenden Blüten exotisches Flair aus. Im Staudengarten zählt sie zu den härtesten dieser Gattung.

Im Spätsommer gehört der Sonnenhut (*Rudbeckia fulgida* var. *deamii*) zu den Pflanzen, die das Erscheinungsbild des Staudengartens prägen, hier in Kombination mit Reitgras (*Calamagrostis × acutiflora* 'Waldenbuch').

Im Staudengarten wurden zahlreiche Taglilien-Sorten (*Hemerocallis*), unter ihnen Neuheiten wie die leuchtend orange blühende 'Blazing Lamp Sticks' gepflanzt. Die pflegeleichten Stauden zählen für die Planer der Anlage zu den neuen Klassikern der Staudenverwendung.

Folgende Seite: Im Mai blühen im Staudengarten die Pfingstrosen, die in vielen verschiedenen Sorten eingesetzt wurden. Hier ist es *Paeonia lactiflora* 'A. Delatour', begleitet unter anderem von der *Iris sibirica* 'Sibtosa Princess' und von *Euphorbia seguieriana* ssp. *niciciana*.

In der Promenade der Wild- und Strauchrosen wurden auch immer wieder Kletterrosen gepflanzt, die sich im Lauf der Jahre ohne Gerüst zu stattlichen Sträuchern entwickelten, so wie hier links im Bild die Sorte 'Bantry Bay'. Rechts daneben steht die Strauchrose 'Heinrich Conrad Söth' in voller Blüte, während im Hintergrund der Klassiker 'Westerland' und *Rosa alba* 'Semiplena' zu sehen sind.

Die Wildrose *Rosa roxburghii* zählt zu den botanischen Schätzen der Sammlung. Der Strauch mit seinen zarten Blüten überzeugt durch das für die Art typische Abblättern der Rinde auch im Winter als Ziergehölz.

AM TEICH

Der Uferbereich zwischen Dahliengarten und Bauernhof ist in seiner Gestaltung bewusst etwas natürlicher gehalten. Dabei vermischen sich Gruppen aus Gehölzen der einheimischen Bodenseeflora wie die Schwarz-Erle (*Alnus glutinosa*), die Silber-Weide (*Salix alba*), die Schwarz-Pappel (*Populus nigra*) und die Gewöhnliche Esche (*Fraxinus excelsior*) mit Exoten wie der Kaukasischen Flügelnuss (*Pterocarya fraxinifolia*) oder der Sumpfzypresse (*Taxodium distichum*). Wer hier an der Ufermauer entlang schlendert, nimmt kaum wahr, dass dieses Gebiet erst in den Jahren 1861 bis 1897 unter Großherzog Friedrich I. mit einer Ufermauer befestigt und aufgefüllt worden ist. Am Uferweg liegt auch der 1962 geschaffene Teich, der unter anderem mit einer Fontäne aufwartet. Vor der beschriebenen Gehölzkulisse finden sich hier sowohl einheimische als auch fremdländische Stauden wie der Blutweiderich (*Lythrum salicaria*), die Sumpf-Schwertlilie (*Iris pseudacorus*) oder das mächtige Mammutblatt (*Gunnera manicata*).

Etwas weiter östlich wurde im Frühjahr 2016 eine naturnahe Staudenpflanzung neu angelegt. Bei der Auswahl wurde hierbei unter anderem auf Stauden und Gehölze mit großen Blättern zurückgegriffen, um die verwunschene Stimmung des Ortes zu verstärken.

Im Park der Insel Mainau gibt es vieles zu entdecken, vor allem auch für die kleinen Besucher. Unweit des Teiches am Südufer der Insel versteckt sich hinter Bambushalmen dieser vom Holzkünstler Franz Jäger geschaffene Waldgeist, der in einem alten Baumstumpf eines Mammutbaums wohnt.

Im Jahr 2013 entstand am Rand der Promenade der Wild- und Strauchrosen eine neue Pflanzenfigur. Das von dem holländischen Künstler Sjer Jacobs entworfene und gebaute Kunstwerk mit dem Titel „Zusammen im Garten" weicht sowohl im Aufbau als auch in der Bepflanzung von den anderen mit Frühjahrs- und Sommerblumen bestückten Blumenfiguren ab. Im Hintergrund verlieren die Sumpfzypressen die letzten ihrer herbstlich gefärbten Nadeln.

Der Teich mit seiner naturnahen Bepflanzung ist ein Ort der Ruhe und der natürlichen Gelassenheit. Ganz in diesem Sinne ziehen in seinem Wasser Graskarpfen gemütlich ihre Runden. Der vermeintliche Fischreiher, der im Teich auf Nahrungssuche geht, ist ein geschnitztes Kunstwerk aus Holz, geschaffen von einem Mitarbeiter der Insel Mainau, Markus Pfeiffer. Der Teich wird über die Fontäne aus dem Gartenwassernetz gespeist und verfügt über einen Überlauf in den Bodensee.

IM LAUEN

Besucher, die die Mainau von der Festlandseite her betreten, werden an der südwestlichen Spitze der Insel, dem sogenannten Lauen, von der Blumenfigur Blumi, dem Maskottchen der Blumeninsel, begrüßt. Wenige Schritte weiter beginnt das Mainau-Kinderland, eine Erlebniswelt für die jüngsten Besucher, zu der unter anderem die Spielplätze „Zwergendorf", „Blumis Uferwelt" und „Wasserwelt" sowie eine Garten-Eisenbahnanlage und auch der Schaubauernhof mit Streichelzoo gehören.

Fester Bestandteil im Angebot des Parks und für viele Inselbesucher das Sinnbild für die Mainau schlechthin sind der Blumenpfau und die Entenfamilie. Letztere schwimmt friedlich in einem Teich, der konsequenterweise ebenso mit Blumen bepflanzt ist. Die Figuren bestehen aus einer Konstruktion aus gebogenem Rundstahl. Diese wird mit Pflanzerde sehr kompakt befüllt und mit einem Drahtgeflecht bespannt. In die so zusammengehaltene Erde werden schließlich Horn-Veilchen oder Gänseblümchen im Frühjahr und Eisbegonien im Sommer gepflanzt.

Den räumlichen Abschluss des weitläufigen Lauen bildet im Norden die *Metasequoia*-Allee. Sie zählt aufgrund ihres Alters und ihrer Ausdehnung zu den dendrologischen Schätzen der Insel. Im Jahr 1959 gepflanzt, beeindruckt sie heute die Besucher vor allem durch ihre bizarren Wurzelanläufe.

Der Spielplatz „Zwergendorf" ist für die allerjüngsten Besucher reserviert. Er wird von Hochstämmen der Nelken-Kirschen (*Prunus serrulata* 'Kanzan') eingerahmt, unter deren Krone sich das windschiefe Fischerhäuschen, ein Spielhaus von „Blumis Uferwelt", duckt. Dieser Spielbereich symbolisiert die Bodenseelandschaft und soll durch Elemente wie etwa ein Fadenlabyrinth die Sinne seiner Nutzer schärfen.

Die Entenfamilie ist als Fotomotiv und bei Jung und Alt beliebt. Aufgrund ihres kompakten Wachstums und ihrer Blühfreudigkeit eignen sich Horn-Veilchen besonders gut für eine Bepflanzung im Frühjahr, ihnen folgen Eisbegonien im Sommer. Das Wasser im Teich gestalten blaue Horn-Veilchen und der blaue Leberbalsam.

Seit dem Jahr 2003 werden die Besucher im Lauen von der Blumenfigur Blumi begrüßt. Vor der Figur recken Persische Kaiserkronen (*Fritillaria persica* 'Ivory Bells') ihre Blütenstände aus einer Gruppe von einfachen frühen Tulpen 'Red Revival', Triumphtulpen 'Black Jack' und 'Christmas Yellow' empor.

In frischem Grün leuchtet der Neuaustrieb der Hänge-Weide (*Salix alba* 'Tristis'), die auf der Wiese zwischen Spielplatz und Bodensee steht. Zu ihren Füßen begleiten unter anderem die Narzissensorte 'Accent' und etliche spät blühende Tulpensorten das frühlingshafte Farbenspiel im schon emporgewachsenen Gras.

Da die Platanen-Allee von der Brücke bis zum Schloss zu groß und die Straße damit zu eng geworden war, wurde ab dem Jahr 1959 eine neue, breitere Allee aus Urweltmammutbäumen angelegt: Die *Metasequoia*-Allee war geboren. Die Bäume, die über Stecklinge von der im Ufergarten ausgepflanzten *Metasequoia* vermehrt wurden,

wuchsen rasch zu beeindruckenden Exemplaren heran. Heute ist die Allee einer der dendrologischen Höhepunkte, der zu jeder Jahreszeit begeistert: im Frühjahr, wenn zahllose Geophyten wie etwa *Crocus tommasinianus* erblühen, oder im Sommer, wenn das Laub der Bäume lichten Schatten spendet.

VOM PLATANENWEG 5 ZUM KÜCHENGARTEN

Am nordöstlichen Ende der *Metasequoia*-Allee befindet sich der Platanenweg 5, ein Parkteil, der in typischer Hausgartenmanier gestaltet ist. Schon der gesamte Park der Insel Mainau ist quasi ein Ort der Inspiration und eine schier nie enden wollende Quelle von Anregungen für Freunde von Gärten und Pflanzen. Hier im Platanenweg 5 finden die Besucher noch einmal mehr gärtnerische Information: In einem Gartenhaus beraten hier die Gärtner während des Blumenjahres täglich bei allen Fragen rund um das Thema Garten und Pflanzen. Im Garten selbst werden immer wieder neue Pflanzensorten, -Kombinationen und Gartentrends vorgestellt. Neben klassischen Stauden- und Wechselflorbeeten findet der Pflanzenfreund zudem hier auch Vorschläge zur floralen Gestaltung in Kasten und Kübel auf Balkon und Terrasse oder kann sich in temporären Ausstellungen und Aktionen zu speziellen gärtnerischen Themen informieren.

Auf der anderen Seite des großen Hauptwegs liegt der Garten für Alle, der 1989 errichtet und von I. M. Königin Silvia von Schweden eingeweiht wurde. Der in seiner Gestaltung etwas ungewöhnlich wirkende Garten wurde von Sonja Gräfin Bernadotte initiiert und richtet sich an Menschen mit Handicap. Ihnen und ihren Angehörigen sollen dabei Tipps und Anregungen dafür gegeben werden, wie man auch vom Rollstuhl aus gärtnern kann oder welche Pflanzen in einen Garten für Blinde gepflanzt werden können.

Direkt am Garten für Alle liegt das Café Vergissmeinnicht, in dem Jugendliche mit Förderbedarf auf ihrem Weg ins Berufsleben begleitet werden. Dahinter erstreckt sich seit dem Jahr 2013 auf einer ehemaligen gärtnerischen Produktionsfläche der Küchengarten, in dem Gemüse, Obst und Blumen anschaulich angebaut und auch geerntet werden. Auf der Mainau gab es historischen Plänen zufolge schon zu Zeiten der Deutschordensritter Gärten, die zur Selbstversorgung der Inselbewohner angepflanzt wurden.

Auch wenn die als Gemüseinsel bekannte Reichenau nur wenige Kilometer entfernt liegt – Gemüse gibt es auch im Park der Mainau und gern wird es als Strukturpflanze in den Blumenbeeten verwendet. Hier ist Mangold allerdings neben Rotkohl im Küchengarten gepflanzt. Im Hintergrund blühen die Feinblatt-Studentenblume (*Tagetes tenuifolia*) und es leuchten die Blätter der roten Garten-Melde (*Atriplex hortensis* 'Rubra').

Eine Karte, die die Insel Mainau im 18. Jahrhundert nach dem Schlossbau zeigt, verortet im Bereich des heutigen Arboretums geometrisch angelegte Gärten, von denen man ausgehen kann, dass sie nicht nur der Repräsentation dienten, sondern auch zur Versorgung der Kommende Mainau mit Nahrungsmitteln beitrugen. Inspiriert durch diese Gärten wurde in unmittelbarer Umgebung des Cafés Vergissmeinnicht der neue Küchengarten angelegt, in dem Gemüse, Sommerblumen und Obst gepflanzt sind und auch geerntet werden.

Für Sonja Gräfin Bernadotte war die Unterstützung junger Menschen mit Förderbedarf eine Herzensangelegenheit. Sie wollte Personen mit Handicap vom Gärtnern nicht ausschließen. So wurde auf ihre Veranlassung hin der Garten für Alle angelegt. Die integrative Gartenanlage umfasst neben einem Blindengarten auch Bereiche, in denen Hochbeete aufgestellt sind, in denen im Sommer unter anderem Fackellilien blühen. Die Hochbeete erleichtern Rollstuhlfahrern den Kontakt und die Wahrnehmung der Pflanzen.

Der Platanenweg 5 ist als Hausgarten im klassischen Sinn mit Stauden- und Blumenbeeten, einer Terrasse mit Pergola und einem Gartenhaus konzipiert. Im gesamten Garten finden im Lauf des Jahres immer wieder Präsentationen neuer Produkte für den heimischen Garten und Ausstellungen zu bestimmten Pflanzenthemen statt. Die Liegestühle sind Teil der Information und nicht nur als Ausstellungsstücke gedacht. Sie laden zum Entspannen und Genießen ein.

Der Trend, Wände aus aufgeschichtetem Brennholz im Hausgarten zur Raumbildung einzusetzen, wurde auch im Platanenweg 5 aufgegriffen. Anregungen für die Gestaltung von Kästen und Kübeln auf dem heimischen Balkon oder der Terrasse geben die davor aufgestellten Pflanzgefäße. Passend dazu erhalten die Besucher auf Wunsch auch Informationen von den Gärtnern, die während des Blumenjahres täglich im Gartenhaus eine Pflanzenberatung durchführen.

SCHMETTERLINGSHAUS UND INSEKTENGARTEN

Inspiriert durch eine Weltreise veranlassten Sonja Gräfin Bernadotte und Lennart Graf Bernadotte den Bau eines tropischen Schmetterlingshauses, das im Jahr 1996 in Betrieb gehen konnte. In einem extra dafür errichteten klassischen Gewächshaus wurde von den Gärtnern der Insel Mainau eine knapp 900 m² große tropische Landschaft mit ausgefallenen Pflanzen, Teichen und Wasserfällen geschaffen. Die größte Aufmerksamkeit schenken die Besucher aber den tropischen Schmetterlingen im Haus. Die filigranen Schönheiten kommen als Puppen auf die Mainau und stammen von Schmetterlingsfarmen in Großbritannien, Costa Rica und Malaysia, wo sie für viele Schmetterlingshäuser auf der ganzen Welt gezüchtet werden. Im Lauf eines Jahres können ca. 120 Schmetterlingsarten im Schmetterlingshaus betrachtet und erlebt werden. Je nach Art und Größe lebt ein Schmetterling zwischen ein bis zwei Wochen und drei Monaten. Aufgrund der langjährigen Erfahrung der Gärtner gelingt inzwischen auch die Vermehrung der einen oder anderen Art direkt im Schmetterlingshaus – vor allem auch deshalb, weil in der nahegelegenen Gärtnerei der Insel Pflanzen kultiviert werden können, die als Nektar- und Fraßpflanzen den Tieren im Haus besonders gut schmecken. Dazu zählt die Seidenpflanze (*Asclepias curassavica*) ebenso wie Hammersträucher (*Cestrum* sp.) oder Senna (*Senna corymbosa*).

Das Pendant zum Schmetterlingshaus im Freien ist der Insektengarten, der im Frühjahr 2012 in unmittelbarer Nähe zum Platanenweg 5 angelegt wurde. Als naturnah gestalteter Parkteil soll er Informationen zur heimischen Insektenwelt, vor allem zu Honigbienen, Wildbienen und Schmetterlingen vermitteln. In kraut- und blumenreichen Wiesenflächen werden verschiedene Kunstobjekte ausgestellt, die sich dem Thema widmen. Ein besonderes Erlebnis bietet der Besuch eines ausgehöhlten Pappelstammes, der als begehbarer Bienenstock die Energie, die Wärme und den Duft eines Bienenvolks erfahrbar macht.

Vom Klatschmohn des Insektengartens schweift der Blick über den Weinberg zum Schwedenturm. Der im Jahr 2006 an historischer Stelle wieder angelegte Weinberg ist mit den beiden roten Rebsorten 'Cabernet Cortis' und 'Monarch' sowie den weißen Rebsorten 'Solaris' und 'Johanniter' bepflanzt. Die Züchtungen sind sehr widerstandsfähig gegenüber dem Falschen Mehltau und erlauben so eine ökologische Bewirtschaftung der Fläche.

Der Insektengarten entstand im Jahr 2012 mit dem Ziel, die Besucher der Insel über das Leben und die Gefährdung unserer Insekten, vor allem der Wild- und Honigbienen zu informieren. Unter anderem wird auch auf die Bedeutung der Tiere bei der Bestäubung unserer Kulturpflanzen eingegangen. Deshalb wurde der Garten, der sich im Lauf der Jahre zu einer blütenreichen Wiese entwickelt, in unmittelbarer Nähe zu einem bestehenden Obsthain angelegt.

Ein besonderer Blickfang sind zwei Mauern, die aus alten Natur- und Kunststeinen sowie Holzstücken errichtet wurden. Ihre Nischen, Fugen und Löcher sollen Wildbienen und anderen Insekten als Unterschlupf und Nisthilfe dienen, werden aber gerne auch von Eidechsen aufgesucht. Vor der ansprechenden landschaftsgärtnerischen Arbeit leuchten unter anderem die Blüten des Gewöhnlichen Natternkopfs (*Echium vulgare*) in erfrischendem Blau.

Im Schmetterlingshaus herrscht ganzjährig ein Klima, das Pflanzen aus den Tropen gedeihen lässt. So finden sich am großen Teich mit seinem Wasserfall das Große sowie das Geschlitzte Fensterblatt (*Monstera deliciosa* und *M. adansonii*), Kaffeesträucher (*Coffea arabica*) und die Papaya (*Carica papaya*), die im Haus ausgepflanzt regelmäßig die schmackhaften, orangefarbenen Früchte ausbildet.

Der auch als Fackel bezeichnete Julia-Falter (*Dryas iulia*), ein Tagfalter aus der Familie der Edelfalter, ist in Mittelamerika zu Hause. Seine Raupen ernähren sich von verschiedenen Passionsblumengewächsen.

KONTAKT

Mainau GmbH
78465 Insel Mainau
Telefon 07531/303-0
Telefax 07531/303-248
E-Mail: info@mainau.de
www.mainau.de

ÖFFNUNGSZEITEN

Die Insel Mainau ist ganzjährig von Sonnenaufgang bis Sonnenuntergang geöffnet.

DANK

Der Autor dankt Nina Busse, Lisa Böhnke, Jutta Hardt und Florian Heitzmann für die Unterstützung.

BILDQUELLEN

Alle Fotografien von Peter Allgaier
Inselplan Seite 8: Mainau GmbH

IMPRESSUM

Bibliografische Information der Deutschen Nationalbibliothek
Die Deutsche Nationalbibliothek verzeichnet diese Publikation in der Deutschen Nationalbibliografie; detaillierte bibliografische Daten sind im Internet über http://dnb.d-nb.de abrufbar.

Wollgrasweg 41, 70599 Stuttgart (Hohenheim)
E-Mail: info@ulmer.de
Internet: www.ulmer-verlag.de
Lektorat: Christine Condé, Helen Haas
Herstellung: Ulla Stammel
Umschlagentwurf: Ulmer Verlag
Satz: BUCHFLINK Rüdiger Wagner, Nördlingen
Druck und Bindung: aprinta Druck, Firmengruppe APPL, Wemding
Printed in Germany

ISBN 978-3-8001-0368-3